사과를 들고 가만히 서 있었다

이 도서의 국립중앙도서관 출판예정도서목록(CIP)은 서지정보유통지원시스템 홈페이지(http://seoji.nl.go.kr)와 국가자료종합목록 구축시스템(http://kolis-net.nl.go.kr)에서 이용하실 수 있습니다.
(CIP제어번호 : CIP2020044284)

지혜사랑 225

사과를 들고 가만히 서 있었다

정상하

시인의 말

건너편으로 가는 길이 가까스로 깜박이고 있었다

세상이 다 번져 읽을 수 없었다

쓰러진 화살표들이 켜켜이 쌓여있었다

2020년
정상하

차례

시인의 말 ——————————— 5

1부

고인돌 ——————————— 10
어디서 오는지 알 수 없는 기차가 있었다 —— 11
자고 갈 건가요 ——————————— 12
검은 포도를 가져가야겠습니다 ————— 13
오래된 사과와 사과 ——————— 14
연못 속에 나를 보았다 ——————— 15
오, 알라딘 ——————————— 17
햇빛이 켜졌다 꺼졌다 했다 ————— 18
자은이가 와서 ——————————— 19
해피 버쓰데이 ——————————— 20
초면 ——————————— 21
외딴 곳 ——————————— 23
별이 총총하다 ——————————— 24
이쯤에서 ——————————— 25
홀로그램 ——————————— 27
현재 위치 ——————————— 29
세면대에 떨어진 한 개의 머리카락 —— 31
신도시 ——————————— 32
검정 패딩 옆 주황 패딩 ——————— 33
벚나무 ——————————— 34

2부

비 오는 날 — 36
물가에 오래 있다가 — 37
집요한 커써 씨 — 38
나는 목백합이라는 나무입니다 — 40
오후 3시 태풍 — 41
내 딸과 그의 딸 — 42
시운이 — 43
가을 — 44
L에게 — 45
누가 여기다 ─책을 던져 놓았을까? — 46
악양 가는 길 — 47
아랫집 — 49
어깨 — 51
뿌여니 — 52
붐바 붐바 붐바 — 53
앞산 올라갔다 내려오기 — 55
밤 9시와 10시 사이 — 56
팔이 화들짝! — 57
채플 — 58
아침이 줄어든다 — 60

3부

어디로 가는 길이니 하고 누가 물었다 ── 62
마루에 앉아 어머니를 기다릴 때 ── 63
위대한 침묵 ── 64
산동에 계시는 하느님께 ── 65
식사 ── 66
아우디와 봄날 ── 67
신현정 시인이 가고 ── 69
달의 교통사고 ── 70
논개 ── 71
떨어지고 흩어지고 흘러가고 ── 72
오늘 거기 예약했는데요 ── 73
준우 ── 75
어머니 전집 ── 76
절이 흘러갑니다 ── 77
감과 하늘 ── 78
스트로브잣나무에게 ── 79
누가 강 건너에서 ─봄을 그렇게 길게 잡아 늘였을까 ── 80
C ── 81
물끄러미 ── 82

해설 • 비극적 자기 인식에서
　　　세계의 영원회귀로 • 이성혁 ── 84

　• 일러두기
　　한 연이 첫 번째 행에서 시작될 때는 > 로 표시합니다.

1부

고인돌

깊은 밤 마루에 앉아
검은 바위처럼

꿀풀꽃 푸르스름한 무덤가
여우 울음처럼

온몸으로 엎어져
오래된 죽음처럼

어디서 오는지 알 수 없는 기차가 있었다

　기차가 달리는 동안 기차 안팎에서 문득문득 사람들이 태어났다 창밖 멀리서 한사람이 자전거를 타고 오면서 태어났다 흰 새떼가 앉은 소나무가 태어났다 손을 잡은 남자와 여자가 태어났다 뒷칸에서 야이 나쁜 놈아 이 도둑놈아, 멱살을 잡고 싸우는 사람들이 태어났다 어느 낯선 역을 지날 때 눈부신 창밖을 지나가는 아버지가 태어났다 아버지, 지금은 어디서 사세요, 그때 터널이 시작되었고 아버지가 보이지 않았다 마을을 휘돌며 강이 태어나고 사라지고 언덕이 태어나고 사라지고 했다 어느 외곽에서 어머니가 깜깜하게 내리고 빈 의자에는 곧 가을이 왔다 태어난 것들이 울창하게 뿌리를 내렸다 무성하게 자란 아이들이 창밖 풍경으로 스쳐갔다 같은 풍경들은 또 태어나고 스쳐가고 어디서 오는지 아는 사람은 아무도 없었다

자고 갈 건가요

　어둡기 전에 절 마당을 한번 돌아나올까 했을 때 문을 닫던 스님이 자고 갈 건가요 하고 물었다 요사채 댓돌 위 흰 고무신에 아카시꽃이 떨어져 있었다 한 사람이 계곡을 따라 낮은 등불을 켜들고 가고 있었다 물 속의 달이 함께 가고 있었다
　회색 중의가 걸린 벽을 향해 장방형 비닐 장판 위에 누웠다 달빛이 창호지에 그리는 숲을 보며 떠나기 시작했다 그 숲을 흔드는 바람으로 뱃멀미를 하며 알 수 없는 곳으로 떠나고 있었다 밤새가 울다가 쉬다가 했다 떠나온 집이 아득했다
　끄나풀로 문고리를 묶었다 풀었다 문을 열었다 닫았다 하는 승객이 있었다 문이 열릴 때마다 달빛이 철썩 밀고 들어와 선실의 반을 출렁거렸다 속절없이 달빛에 젖었다 숨죽였다 또 다시 젖었다 회색 중의의 주인은 두고 온 속세를 내렸다 탔다하는 중인 것 같았다
　이역으로 가는 길은 밤새 문고리를 잡고 가는 낯선 여자를 지켜보는 길인지 그녀 풍덩 구천으로 몸 던질까 봐 목구멍으로 숨 삼키며 가는 길인지 그녀 서 있는 난간이 밤새 위태로웠다
　달빛이 창호지 아래 한 뼘쯤 남았을 때 밤새 소리가 뚝 그치고 목탁 소리가 났다 하룻밤 새 요사채 지붕 길이만큼 멀고 먼 서쪽 나라에 도착해 있었다

검은 포도를 가져가야겠습니다

포도만한 과일이 없다는
터무니없는 말을 하려고 합니다

금방 흐려집니다
무거운 구름을 덮어쓰고 가야겠습니다
DJ가 브람스를 걸어놓고 화장실을 간 듯 합니다
빨간 운동화를 신고 나간 식구의 발이 생각납니다

실외기에 얹힌 페츄니아가 몇 개 피었겠습니다
자동차 소음이 방음벽을 두드리는 뒷길로 가야겠습니다
밟히면서 피는 양지꽃을 밟으며 갈 것 같습니다
눈물을 하품 때문이라 하고는 웃어야겠습니다

지하철 보다는 광역버스를 타려고 합니다
원근감 때문입니다

지난 주 산딸기 꽃이 피기 시작한 산기슭이 궁금합니다
이마트 뒤편에선 꼭 누가 중얼중얼 담배를 핍니다
고무장갑 어느 손가락에 구멍이 났는지 모르겠습니다

혈소판을 구한다는 문자를 받은 생각이 납니다
어지러운 다리 아래는 보지 않아야겠습니다

오래된 사과와 사과

　네가 돌풍처럼 문을 꽝 닫고 나간다 온몸에 금이 간다 너는 휘어진 소나무와 붉은 담장을 돌아 금방 보이지 않는다 쏟아진 나무 그늘이 두껍다 너를 향해 그은 성호가 공중에 떠돈다 창밖이 단풍으로 뜨겁다 유치원에 가는 아이와 엄마가 눈부시다

　어머니가 언제나 붉은 사과를 깎았다 사과 깎는 소리에 귀를 기울이는 어깨 위로 기차가 달렸다 두 번째 기차가 지나갔다 천 번째 기차가 지나갔다 아무도 도착하지 않았다 달빛이 푸르게 쏟아졌다 어머니의 사과는 계속되었고 내가 먹는 사과는 어둡고 울컥했다 신발 속에 눈발이 내리쳤다

　너의 방문 앞에서 사과를 들고 가만히 서 있었다 오래된 사과를 시들도록 들고 서 있었다 네가 혼자 루마니아로 가기 전 하지 못한, 뜨거운 어항에 떠올랐던 죽은 열대어에 대한 사과를 사과에 담아 줘야지 줘야지, 엄마 나빠, 라는 말 대신 문 닫아 주세요, 라고 너는 말하겠지만 그래도 사과를 들고 오래 서 있었다

연못 속에 나를 보았다

나뭇잎이 우거져 뒷마당이 보이지 않는다

양살구가 햇빛 받은 만큼씩 밝아지기 시작했다

또 한 사람 소식이 끊어지고 세 번째의 여름이 왔다

한쪽 다리를 끌며 다니던 옆동 남자가 보이지 않는다

거리를 채운 촛불을 시위라고 축제라고 하는 날들이 이어졌다

악양으로 가서 혼자 골목을 더듬다가 밤중에 돌아왔다

무거운 나를 밀던 바람이 탁탁 손을 털고 갔다

그렇게 여름은 포개지고 삭아서 다른 계절에 거름이 되었다

나는 대리석 궁전에 사는 꿈을 꾸었다*

오래 앓던 희자 씨가 죽고 상수리나무 아래 묻혔다

　　회화나무가 허공에 꽃줄기를 내어 앉혔다

　　내가 읽지 못하는 꽃줄기를 저녁이 한참 읽다 간다

　　공원 연못 속에 나를 비춰보았다

　　나는 점점 희미해져 아무것에도 반사되지 않았다

　　* 발페의 「보헤미안 소녀」 중에서.

오, 알라딘

　철수세미로 닦고있던 스텐 냄비가 갑자기 나를 닦기 시작했다 냄비 닦는 일이 딱 질리는 순간이었다 냄비 자루 틈새를 닦으며 지겹다 지겹다 할 때였다 냄비는 냄비를 어떻게 닦는지 오랫동안 보고 익혔던 것 같다 솜씨가 가히 거침없고 능숙했다 나를 꽉 붙잡고 베이킹 소다를 벅벅 바르고 문질러대기 시작했다 석류향이 싫지는 않았다 차례대로 볼때기 옆구리 구석구석 쑤시고 후벼팠다 사정없이 전신을 빡빡 긁은 뒤 엎어놓고 이를 악물고 문지르다가 철그럭 떨어뜨렸다가 우그러진 데는 없는지 얼룩은 없는지 전신을 더듬다가 밑구녕을 뒤집어보고 오케오케 굿잡 하더니 뜨거운 물을 팍팍 끼얹어서 또 한번 수세미질을 하고나서 씽크대 빈 구석에다 나를 꽉 엎어놓는 것이었다 눈앞이 캄캄했다 나는 다만 냄비가 나를 닦은 사실이 신기하고 흐뭇해서 쭈르르 침을 흘리며 웃고 있었다

햇빛이 켜졌다 꺼졌다 했다

한 여자가 물조루를 들고 화분으로 다가간다
쏟아지는 물이 햇빛 속으로 솟구치다가 흘러내린다
흐린 구름보다 어두운 여자를 보며
이파리들이 갸웃갸웃 젖는다
여자는 연속 동작으로 물조루를 들고 서 있다

한 여자가 뭉게구름을 본다
무한나무 위로 지나가는 구름에서
소나기가 쏟아진다 서리가 내린다 눈보라가 쏟아진다
아침인지 저녁인지 모를 노을이 휘황하다
여자가 둥 떠올랐다 내려왔다 한다

한 여자가 겹겹의 옷을 벗고 샤워를 한다
벗은 옷이 다 쓸려내려간다
살이 흘러내린다
여자의 몸이 다 닳아 욕조 구멍으로 빨려내려 간다
여자는 남은 몸을 놓치지 않으려고
흘러내리는 몸을 되감는다

화분에 물을 주던 여자와
뭉게구름을 보던 여자와 샤워를 하던 여자가
오전 내내 커피를 마신다
햇빛이 켜졌다 꺼졌다 한다

자은이가 와서

목련나무가 회화나무 옆에 있다
회화나무가 목련나무 왼쪽에 있다
목련나무 잎사귀는 구백 개는 될 것 같다
회화나무 잎사귀는 오천 사백
목련나무 위를 비추는 햇빛은 구백
회화나무 위를 비추는 햇빛은 오천 사백
목련나무의 바람은 구백으로 불고
회화나무의 바람은 오천 사백으로 분다
목련나무의 햇빛과 바람은 둥그스름하고
회화나무의 햇빛과 바람은 갸름갸름하고
목련나무는 참새를 구백 마리나 낳고
회화나무는 참새를 오천 사백 마리나 낳고

해피 버쓰데이

막 태어난 아기가 힘차게 울었다
아기 뒤를 따라 엄마가 태어났다
멋쩍게 웃는 아빠가 태어났다

여름이 아기를 따라 태어났다
똥 싸고 하품하고 쭉쭉 자랐다
침대와 기저귀와 우유병이 자랐다
엄마와 아빠가 자랐다

초면

어린 소가 목책 너머로 내다본다
머리를 갸웃한다
낯설다

어린 소가 한 발짝 더 앞으로 나와
목책에 얼굴을 얹는다
낯설다

다른 소가 어린 소 옆에 와서 선다
또 다른 소가 그 옆에 와서 서고
밤색 소 한 마리 어슬렁어슬렁 다가온다
조금 큰 소가 한 마리 더 오고
배꼽이 떨어지지 않은 새끼소가 와서
큰 소 다리에 붙어선다
이제 막 뿔이 돋는 송아지가
껑중껑중 와서 목책 틈새로 내다보고
눈이 더 커지는 소들이 일렬로 늘어선다
낯설다

소들이 건너다보는 이쪽의
나도 저러고 있나 보다
크고 작은 내가 소들을 건너다보나 보다

밝고 흐린 내가 그리고 있나 보다

꼬리를 흔들어 파리를 쫓으며
우두커니 서 있는 나를
그들이 멀뚱멀뚱 보고 섰다
낯설다

외딴 곳

  몸을 떠나 멀리로 가고 있었다 너무 멀리 가서 돌아올 곳이 지워지고 없었다 눈 내리는 서울역 광장에서 예수가 쪼그리고 앉아 울고 있었다 들썩이는 그의 어깨를 감싸안고 그에게서 들은 말로 위로를 했다

  젊은 어머니가 저승을 떠나 바쁘게 집으로 걸어오고 있었다 몇 십년 동안 오고 있었다 사선으로 불던 세찬 바람이 어머니를 사선으로 지우고 있었다 어머니와 나 사이가 없어졌다

  이태리, 눈부신 이태리 네루다가 우편 가방을 메고 나를 향해 걸어오는 이태리 내가 그를 화면처럼 물끄러미 바라보는 이태리

  어느 산마을에서는 불륜으로 살림을 차렸다 분주하게 빨래를 널고 있었다 불륜을 감추려 펄럭이는 광목천으로 해를 가렸다 주렁주렁 달린 아이들에게 젖을 먹였다 거기서도 비를 맞고 물가를 배회했다

  몇 년이나 거기서 살았을까

  어질어질 깨어나서 몸을 돌아본다
  외딴 곳이다

별이 총총하다

　별이 총총하다는 말은 고전적이다 여기는 별이 총총해서 고전적이다 옥상에서 보이는 도시는 키가 한 뼘도 자라지 않았다 목욕탕 굴뚝도 촉석루도 교보생명도 수 십년 그러고 있다 그러므로 고전적인 것은 키가 작다 키 작은 집과 골목 사이에서 먼지 쌓인 책장 냄새가 난다 고전은 삭아서 책벌레처럼 빠르게 숨는다 흔적뿐인 기차역과 철로 부근처럼 어슴프레하다 고전 위로 하현달이 떠 있다

　노인은 TV만 본다 잠 들 때까지 TV만 본다 오른쪽으로 누울 때는 창문을 이고 TV를 본다 창문 밖이 어딘지 하늘이 있는지 별이 총총한지 듬성한지 내가 지금 방에 있는지 옥상에 있는지 수 십년 전 그곳에 가 있는지 그때 그 어린 놈을 만나 무슨 짓을 하는지 그때 하지 못한 말들을 길게 다 쏟아놓는지 그놈이랑 야반도주 중인지 전혀 모른다 다만 아야아야, 아픈 팔을 돌려 왼쪽으로 누우며 자세를 한참 맞춘 후에 고요히 TV만 본다

이쯤에서

해가 진다
해가 걷는다
이글이글 걷는다
일생이 진다

그늘이 골목을 깊게 덮는다
거기 누가 엎어졌다
낭자하게 쏟아졌다
누가 쏟아진 제 것을 밟고 다닌다

잊고 지나버린 것도 역사라고 하나
그리움도 그런가
지렁이 한 마리에 놀라
소스라치는 발도 그런가

빌어먹을! 퉤!

이브 본푸아의 시를 투덜대듯
하느님께 삿대질 하듯
달리는 차창 밖으로 비를 맞듯

4시 부근이 눈을 껌벅이며 서 있다

이쯤에서 또 한 천년 지나가냐고
썩은 역사로 뭉게뭉게 떠있냐고

홀로그램

너는 잠시 탄천을 걷는 중이구나
앞에서 강아지 한 마리가 오는구나
자전거 한 대 오는구나

나무들이 한 줄로 오는구나
바람이 오는구나
쉴새없이 오는구나

오는 강아지가 가는구나
오는 냇물이 가는구나
나무들이 단체로 가는구나

난 BTS가 홀로그램인 줄 알았어 그 홀로그램들이 실제라니요
화면 속에서 불가리아 유학생이 눈물을 글썽이며 말한다

자동차 전면유리 속 멀리 초록빛 주행 속도가 떠있고
차가 초록빛을 따라 앞으로 가는구나
사람이 가는구나
앞으로만 가는 초록빛을 따라
도착하지 않는 초록빛을 따라

\>
너는 빨래를 걷어야 한다며 기차 타고 떠났지
꽃무늬 남방을 펄럭이며
30년 전 양준일이 노래를 부르는구나
30년 전이 지금 여기로 와서 화면을 떠다니는구나

오고 있는 탄천이 가는구나

현재 위치

사천泗川 만지滿地 839번지
팽나무가 있는 동네 입구
야산 쪽으로 휘어져 있음
바람이 추스르고 보살피다가
강을 건너 가버림
뒷산 소나무 두 그루 사이 황량히 붉음
그 위 범바위 올라서면 사천 바다가 보임
나는 어느 쪽에서 왔는지 알 수 없음

젖어있는 지도 한 가운데
청춘, 숨가쁘게 일어섰음
폭우가 자꾸 쏟아졌음
건너편으로 가는
길이 가까스로 깜박이고 있었음
세상이 다 번져 읽을 수 없었음
쓰러진 화살표들이 켜켜이 쌓여있었음

어제 춘분 지나간 지점
막 겉옷을 벗은 남자가 몸을 구기고
TV를 보고 있음
어둠에 불을 켠 서쪽 벽면 스위치 두 개
그 위 푸르스름 액자 걸려있음

천사 가브리엘과 두근거리는 마리아 있음
깜깜한 창 밖 나무들 보이지 않음

세면대에 떨어진 한 개의 머리카락

오래 걸어가다 터널 끝 소실점을 바라본 적 있다

붐비는 길가에 눈감고 춤추며 휘날려 본 적 있다

마음에 정전기가 일어 불안이 빠르게 자라오른 적 있다

아니야, 아니야 완강하게 몸부림치는 소리 들은 적 있다

불탄 유적지 같은 순간을 본 적 있다

철새의 까만 대오를 따라 산맥을 넘어 본 적 있다

거리에 서서 보이지 않는 얼굴을 찾아 두리번거려 본 적 있다

죽은 사람을 차례로 호명하는 문 앞에 드리워 본 적 있다

잘려나간 시간을 다시 불러오는 가위소리를 들어 본 적 있다

쏟아지는 수천 개의 검은 폭포를 본 적 있다

신도시

바람 소리를 들었습니까? 마음이 바람 소리로 꽉 찼습니까?
바람에게 내어 준 마음이 한 도시를 이루었습니까? 빈 도시가
날로 넓어집니까? 바람이 달리는 도로 위로 늘어나는 것은
다만 바람뿐입니까? 바람을 진열한 매장들만 즐비합니까?
바람으로 성업 중인 바람들이 바람 만드는 일로 바쁩니까?

바람의 목록을 읽어보세요 광장에 잘 맞는 바람이 보이나요
어떤 바람이 낙엽을 몰고 광장을 도는지 어떤 바람이 혼자 일생을 도는지
전단지 속 실종된 바람들을 펄럭여 주는 바람은 누구인지 도시를 쑥대밭으로 만들고 숲을 때려눕히는 바람은 어떤 바람인지요

다음 달쯤에 이 도시에 새 상품이 도착한답니다
시중에 공개되지 않은 최 신상 바람이랍니다

따스할지 향긋할지 그 어떤 것도 아닐지

검정 패딩 옆 주황 패딩

이어폰 줄을 늘어뜨린 패딩
오늘 기온 모처럼 포근, 그래도 패딩
아이패드를 들여다보는 감색 패딩
다리를 푹 덮은 롱패딩 카톡카톡
게임 중인 패딩
긴 통화가 끝나는 촘촘한 누빔 패딩
졸고 있는 패딩 앞에 E랜드 쇼핑백을 든 패딩
어그 부츠를 신은 패딩
터널 끝 강을 내다보는 패딩
밀식된 나무들처럼 빽빽하게,
남의 엉덩이에 지나치게 붙은 패딩
주머니가 많은 패딩
전철이 휘어질 때 휘청이는 블랙 패딩
중심 잃은 블랙을 붙드는 패딩
다리가 엉기며 얼굴을 찡그리는 깡마른 패딩
손잡이를 붙잡고 버티는 패딩
간신히 자세 잡고 먼 데 보는 패딩
뿔테 안경 쓴 패딩과 등이 밀착된 패딩
여전히 아이패드 속 쿠키런에 빠진 패딩
패딩들을 비집고 나오는 키 작은 패딩
바쁘게 뒤섞이며 자리를 옮기는 패딩들
이번 역은 당산, 당산입니다

벗나무

야산 속

흐드러지게 꽃 핀 지름 45센티 벗나무 한 그루 자빠뜨려
놓고 두 남자 얼굴이 불콰하다

2부

비 오는 날

  가로등 교회 앞산 정류장 3단지 다리 휘어진 할머니 우는 새 채송화 측백 유치원 마을버스 노숙자 검정비닐봉지 오토바이 굉음 범부채꽃 테마존빌딩 키큰 청년 초등학교 뒷길 싸리나무에 부는 바람 음식물쓰레기 박스 위로 뛰어오르는 고양이를

  싹~

  한 뭉텅이로 집어넣은 가방

물가에 오래 있다가

손끝에서 둥근 물결이 밀려나가서
밀려가는 물결로 강이 차근차근 넓어져서
물의 씨앗이 원심형이어서
번져가는 속성이어서
몸이 가지 못하는 데까지 갈 수 있어서
물결도 가 닿지 못하는
건너편의 건너가 또 있어서
해가 져도 집으로 돌아갈 수 없는 곳이어서
첨부터 집은 없는 곳이어서
당신 하나도 건너지 못하는 곳이어서
수천 밤이 물소리로 가는 곳이어서

집요한 커써 씨

나는 빈 문서
너는 나를 쉴새없이 쫀다

가만히 있지말고 말좀 해 봐
네 살 꼬마처럼 아무말이나 해 봐
뭐든 다 받아 적어줄게
뒤죽박죽이라도 좋아
징징 울어도 좋아
속엣말 다 해 봐
A에게 퍼부었던 욕이라도 해 봐
거짓 고해라도 해 봐
더 짓고 싶은 죄
끊고 싶은 죄 말해 봐

가고 싶은 산모랭이 말해 봐
보고 싶어도 볼 수 없는 얼굴 말해 봐
쩍쩍 갈라진 마른 강바닥도 꺼내 봐
폭풍우 천둥 번개 다 꺼내 봐

두드리고 으깨고 붙여서
천만년 헤어지지 않는 애인 만들어 줄게
적막한 산 모랭이 만들어 줄게

팔을 벌리고 달려오는 어머니 만들어 줄게

너는 쉬지않고
콕콕 콕콕

나는 목백합이라는 나무입니다

　당신은 내 그늘에 서서 난 지금 플라타나스 그늘에 서 있어라고 말합니다 나는 플라타나스가 아닙니다 나는 목백합이라고 합니다 납대대한 초록색 이파리로 지루한 주변을 채색합니다 가을에는 노랗게 물든 이파리로 허공을 휘휘 쓸어 뻥 뚫린 하늘을 내어 놓습니다 세상이 훤해집니다 세찬 바람에 흔들려도 품위를 유지하는 편입니다 도로 가득 넙데데한 이파리를 털어놓는 프라타나스와는 다릅니다 나는 모잠비크 여자처럼 까만 수직의 각선이 미끈합니다

　긴 몸을 타고 내려갈까요? 나를 더 자세히 소개해 드릴까요? 손바닥을 펴보이고 목젖을 내보이고 뱃속까지 홀렁 까뒤집어 볼까요? 나는 플라타나스가 아니라고요 목백합이라고요 초여름 한 동안 나는 나무 가득 주황색 꽃을 피운답니다 등불을 켜든 것처럼요 여기 보세요, 여기 보세요, 뜨겁게 외치지요 그래도 사람들은 귀머거리입니다 눈을 감았습니다 발등만 내려다보고 걷는 당신, 여전히 전화를 걸며 난 지금 플라타나스 아래를 지나가고 있어라고 말합니다

오후 3시 태풍

대로에 가로수 생가지가 휩쓸려 다닌다
떨어진 금속 간판이 인도를 덮었다
정류장은 멀고 비바람이 휘몰아친다
휘청이던 우산이 급기야 바람에게 덤빈다
바람을 붙잡고 늘어지는 우산이 사생결단이다
바람의 면상을 마구 찍는다
전신을 찌른다
둘은 처참하게 엉겨붙는다
둘 다 거의 맹수다
버스는 아직 오지 않는다
소나기는 사방에서 퍼붓는다
천둥 소리에 자동차 소음 따윈 들리지도 않는다
우산은 바람을 이리 끌고 저리 끌고
휙휙 돌리고 사납게 찌직댄다
익룡처럼 입을 벌리고 바람을 물어뜯는다
날개 갈가리 찢어져도 포기하지 않는다
몇 번이나 제 몸을 뒤집으며 바람을 메치기 한다
난폭하던 바람이 일순 후퇴했다가
휙 되돌아 온다
놈의 날개를 우두둑 부숴버린다
놈은 최후로 한 번 더 뻗대보다가 축 늘어진다
죽은 짐승 한 마리 널부러진 대로변
버스는 오지 않는다

내 딸과 그의 딸

내 딸이 결혼하지 않는다 그의 딸이 결혼하지 않는다 나는 내 딸이 결혼하기를 원한다 그는 그의 딸이 결혼하기를 원하는지 않는지 알 수가 없다 내 딸은 내 딸이고 그의 딸은 그의 딸이기 때문이다

그의 딸은 조금 더 일찍 태어나려고 했지만 내 딸이 어린이날 태어나겠다는 바람에 그의 딸도 할 수없이 어린이날 태어났다

세 살짜리 딸이 말을 막 배우기 시작했을 때 너는 누구 딸이니 물었더니 엄마 따리, 그가 딸에게 너는 누구 딸이니 물었더니 아빠 따리, 그때부터 딸은 각각의 딸이 되었다

내 딸은 동그스름해서 나를 닮지 않았고 그의 딸은 그를 닮았다 내 딸은 부장님처럼 왜 자세가 그러냐 왜 기침을 하냐 왜 그리 오래 일을 하냐고 따진다 그의 딸은 그에게 회장님같이 근엄하게 마치 부실한 협력업체 보듯 쯧쯧 그의 회사를 걱정한다

해가 뜨기 전에 내 딸은 집을 나서고 그의 딸은 저녁밥을 먹지 않는다 저녁밥을 먹지 않는 그의 딸에게 저녁을 조금이라도 먹어보라고 권해본다 괜한 짓이다 늦게 오는 내 딸에게 일찍 좀 다녀라고 그가 소리를 지른다 괜한 짓이다 각자 자기 자식이나 잘 돌볼 일이다

내가 알아서 할게, 내 딸이 유일하게 나에게 하는 말이다 그의 딸이 그에게 하는 유일한 말이다

시윤이

 아이가 왔다 태어나 오늘 우리집에 처음 왔다 아톰처럼 주먹을 불끈 쥐고 왔다 주먹 쥐고 젖 먹고 주먹 쥐고 잠 자고 주먹 쥐고 울었다 허공으로 뻥뻥 주먹을 연신 뻗었다
 오늘 처음 걷는 아이가 왔다 엉덩방아를 찧고 웃는 아이가 왔다 일어나서 다시 걷고 또 걷고 아무데로나 비틀 걷는 아이가 왔다
 물을 므라고 했다 므를 벌컥벌컥 마시고 므으 웃었다 우리도 단체로 므를 마시고 입맛을 다셨다 할아버지를 하비루라고 했다 하비루가 헤벌헤벌 웃었다
 점점 길어지는 속눈썹을 깔며 윙크를 하는 아이가 왔다 옥상 끝에 걸린 별을 겨누며 펄이라고 했다 옥상 끝에 아이의 펄이 반짝였다
 흔들리는 나뭇잎을 만져보고 손바닥을 펴보고 아무것도 없는 손의 앞 뒤를 보다가 나를 보다가 곧 흔들리는 나뭇잎은 잊고 참새를 보고 그쪽으로 달리는 아이가 왔다
 색연필 속에서 나오는 빨간 동그라미와 구불거리는 초록과 노랑과 친구처럼 소리 지르며 노는 아이가 왔다 올 때마다 처음 오는 아이다

가을

달리는 고속버스가
햇살에 사로잡혔다
간지러워 온몸을 턴다
햇살을 벗어나려
햇살 밖을 향해 달린다

방금 잡힌 물고기 같이
고속도로가 퍼덕거린다

번득이는 비늘을 세우며
강물이 물뱀처럼 일어선다

백로 두 마리
꿈틀대는 강을 찍어물고 흔든다

전신이 붉은 과수원이 따라온다

안전띠에 묶여 뒤척이다가 간지럽다가
버스가 무슨 이름의 과일처럼
익는다
말랑해진다

L에게

그곳에 이따금
나지막한 구름이 떠도나요?
공중을 빙빙 돌던 새가
육교 아래로 들어가나요?
가던 길 돌아보지 않나요?
아직도 가고 있나요?
몸이 아파 몸은 집에 두고 갔나요?
말할 수 없는 일들이 돌멩이처럼 쌓이나요?
저 낮은 하늘을 어떻게 할까요?
문이 닫힌 학교는 학교가 문을 열고 나오겠지요?
갈 곳 없는 이 오후를 언제까지 데리고 다녀야 할까요?
날개 다친 그 새는 빈 간척지에 남았을까요?
어제 떠난 사람의 유서를 읽나요?
해가 부셔서 눈을 감나요?
폭우가 쓸고 간 마을은 어디로 갔을까요?
멀리 떠나 있어서 다행인가요?
백년동안 오고있는 저 아이는 언제 그만 올까요?

누가 여기다
— 책을 던져 놓았을까?

이 책은 무겁다
수 십년간 읽어도 끝나지 않는다
누구도 같이 읽을 수 없다
아무도 모르는 글자들 뿐이다

책 속으로
아무도 읽을 수 없는 여름이 왔다
책 속에 비가 온다
혼자 젖는다

혼자 읽는 바다가 있다
남김없이 읽어야 할 바다, 끝없는 바다

눈보라가 쏟아진다
남김없이 읽어야 할 눈보라

책 속에 나만 읽는 네가 있다
아껴 읽는다

아픈 발을 절뚝이며
긴 문장을 가는 내가 있다
읽을수록 늘어나는 내가 있다

악양 가는 길

그와 나는 낯선 강물을 따라 흐르기 시작했다

나는 연애 편지를 숨기던 서랍을 잃고 그는 휘파람을 불던 한낮의 방죽을 잃고
나는 마당 가득 피던 원추리를 잃고 그는 불시에 아버지를 잃고 흘렀다

나는 물 마른 강바닥에서 죽어가는 붕어를 들여다보고 그는 번개가 찢어놓은 팽나무 가지를 쳐내며 중얼중얼 흘렀다

그에게로 내 말이 건너가지 않고 그의 말이 나에게 닿지 못하는 날들이 흘렀다
나는 타고 갈 기차를 놓치고 그는 책이 있는 집을 잃고 흘렀다

나는 악양에 도착할 시간을 놓치고 그는 야 이 개새끼야 개새끼야 말할 시간을 놓치며 흘렀다

결혼하지 못한 아이는 빠르게 나이를 먹고 그는 어둠이 움푹거리는 새벽에 헛기침을 하며 흘렀다

>
　먼 도시에 여름 눈이 온다는 뉴스를 듣고 높은 유리집에 새들이 부딪쳐 죽는 날들을 내다보며
　그는 갈참나무 개수를 세고 나는 그릇에 붙은 밥알을 뜯으며 흘렸다

　* 악양 : 경남 하동 악양을 빌려 옴.

아랫집

아랫집이 이사를 간다고 한다
그동안 조심하고 살아온 것들을 어쩌지
문소리를 어쩌지
발바닥을 어쩌지
아래층 여자는 날마다 주의를 주었고
못을 박지 않아도 못을 박지 말라고 했는데
한 밤중에 샤워를 하세요?
날마다 더덕 반찬을 드세요?
오늘 아침에도 두드리던데요?
날씨가 추워졌지요?
요즘 뜸을 뜨시나요? 쑥내가 심해요
안녕하세요?
왜 그리 의자를 끄세요?
식탁을 자주 옮기나 봐요
요즘 해가 참 길죠?
근데 밤마다 왜 그리 싸우세요?
아무리 조용히 싸우셔도 밤이라 다 들려요

고장 난 엘리베이터 소리도 앞집 옆집 윗집 도마 소리도 물소리도 악취도 다 나 한테서 난다고 하는 아랫집 여자 나는 주눅이 들어 잠 들 때 코를 골까 봐 문소리가 날까 봐 마루를 걸을 때마다 발을 내려다보고 발을 고민했는데 오래

발꿈치를 들고 다니며 조심하느라 나는 공벌레처럼 오그라들었는데 온몸에 뿔이 돋았는데 이제 어쩌지
 어이, 오늘 이사가는 아랫집 여자! 섭섭한데 의자 소리를 싸 줄까? 수돗물 소리를 싸 줄까? 오그라 든 발바닥, 누명 쓰고 가만히 있는 문을 싸 줄까? 그 모두 이삿짐 속에 실어 줄까?

어깨

어깨가 몸을 송두리째 삼킨다
아무리 달아나도 통증이 더 빠르다
번쩍이는 레이저 칼이 수북해
나는 통증 수집가

온몸이 어깨다
벌떡거리는 어깨가 사납다
손가락 끝에서
눈에서
허리에서
어깨가 자란다

마구 자라나는 어깨를 뽑아
후박나무 옆에 심어야겠다
어깨나무에서 주먹만한 꽃들이 필거야
잘 키워 가로수로 써야겠다
어깨가 펄럭펄럭 바람을 휘두를거야
넓은 이파리로 거리를 휩쓸거야

사방에서 어깨 새 순이 돋고
침대 가득 어깨가 뒤척인다
천지가 끙끙 앓는 어깨다

뿌여니

　창밖에 눈이 내립니다 커튼을 젖혀도 병실 안이 뿌옇습니다 어디가 밖이고 어디가 안인지 모르겠습니다 아침이 오다가 큰 길에서 멈췄습니다 앞이 안 보였나 봅니다 새벽에 갈아끼운 수액이 느리게 떨어집니다 앞 병동 회색 벽면과 하늘의 색이 같습니다 내리는 눈과 함께 벽이 솔솔 내려옵니다
　채월연 씨 침대가 비었습니다 밤새 끙끙 앓던 사람이 보이지 않습니다 눈이 계속 내립니다 무안 아주머니와 이경숙 할머니가 뿌여니 일어나 앉아 바깥을 봅니다 옆 침대는 세 번째 다른 사람이 왔습니다 집이 어딘지 아득합니다 처음부터 집이 없는 듯 합니다

붐바 붐바 붐바

오고있는 사람들이 늙어가는 날들입니다
나무가 어느새 아파트 7층까지 닿았습니다
고해소 무릎 의자에 홈이 패었습니다
강물은 먼 바다로 가서 고래를 키웁니다
파도로 돌아옵니다

M이 즐겨불렀던 몬테카를로의 추억은 퇴폐적이었습니다
후렴구 붐바붐바붐바 부분이 야간업소 바닥처럼 끈적거렸습니다
M의 본능 기억의 본능 허무의 본능은 모두의 것인지 그의 것인지
그러나 그는 결국 스스로 죽었습니다

우체국 창구 반대쪽 벽에는 늘 테프 당기는 소리가 났습니다
테프를 다 붙인 여자가 택배 박스에 주소를 쓰고 있었습니다
잠시 조용했다가 두 사람이 연달아 들어오고
테프를 당기고 한참을 당기고 한참 동안 시끄럽고
테프를 다 붙인 그들이 택배 박스에 주소를 쓰고
다시 조용해졌습니다

>

중앙공원 사거리 횡단보도는 동시에 신호가 들어왔습니다
공원에서 KT로 KT에서 던킨으로
던킨에서 소방서로
소방서에서 다시 공원으로
공원에서 던킨으로
건널목 중간에서 마주친 여자 둘이
뒷걸음질로 무슨 말을 하며 지나갔습니다
강아지 두 마리가 스쳤다가 뒷걸음질로 끌려가며 멀어졌습니다

앞산 올라갔다 내려오기

솔방울을 줍자
솔방울 한 개를 오래 걸려 줍자
솔방울 한 개를 던지자
던지지 않을 듯 오래 던지자

마른 가지를 휘감은 넝쿨을 따라가자
끝이없는 넝쿨의 일과를 엿보자
넝쿨에도 오르막과 내리막
들숨과 날숨

갑자기 고등어
갑자기 이마트
휴대폰

늘어선 소나무 끝에 서 있자
긴 가지 아래서 팔을 뻗고 오래 서 있자
나무보다 더 숨을 죽이고
오십 년쯤 가고있는 비행기처럼
여기로부터 아득하게 서 있자

또
고등어 이마트 휴대폰

밤 9시와 10시 사이

운동장으로 와서 어둠은
운동장이 된다
운동장을 한 바퀴 돌고
한 바퀴가 사라진
운동장이 되고
화단을 지나
화단이 되고
식물처럼 쌕쌕 숨을 쉬고
툭 치고 지나간
소나무 냄새가 되고
앞뒤로 휘젓는
팔다리가 되고
농구대를 지나
농구대가 되고
벤치에 앉아
벤치가 되고
벤치 아래
물 고인 땅바닥이 되고
흩어져 밟힌 쓰레기가 되고
안에서 현관문이 쾅 닫히고
바깥에 남는
내가 되고

팔이 화들짝!

팔을 조금 데었다
팔이 화들짝 소스라친다
천길 만길 솟구친다
그렇게 빠른 팔은 처음이다
압력솥은 시침 뚝 떼고
팔만 벌벌 떤다
사색이다

사색이 붉어진다
부풀어 오른다
사색이 끙끙 앓는다
압력솥을 노려본다
부들부들 떤다
이를 악문다

오만상을 찌푸린 사색
아침도 팽개치고 씩씩거리는 사색
힘센 꼬리를 가진 고래 모양의 사색
오른팔 가득 요동치는 사색

채플

3분 전
아직 다섯 사람이 오지 않았다
먼저 온 세 사람 경건하게 앉아있고
드르륵 문이 열리고
세 사람 일제히 문을 바라보고
앗, 잘못…… 미안합니다
그때 뚜뚜 문자 오고
아버지가 위독해서 대전 가고 있어요
연달아 또 전화가 오고
기다리는 퀵서비스가 오지 않아요
한 사람 전화 받고
두 사람 전화기에 귀를 대고
대답 듣기도 전에 한 사람 전화기 울리고
교통사고예요 꽉 막혔어요
언제 뚫릴지 모르겠어요
세 사람 서로 쳐다보고
시작 시간이 지나가고
세 사람 똑같이 시계 한 번 문 한 번 보고
전화를 받은 한 사람 급히 뛰어나간다
아이가 학교에 오지 않았대요
두 사람 동시에 엉덩이를 반쯤 치켜들고
그때 기침을 하는 한 사람 들어오고

의자 하나 쿨럭쿨럭 흔들리고
연달아 또 한 사람 들어오고
내 차가 혼다와 부딪혔어요
보험회사와 통화 계속되고
먼저 온 두 사람 가만히 앉아있고
시작 시간 한참 지나고

아침이 줄어든다

희부윰 새소리가 들린다
희부윰한 새소리 하나가 줄어든다
온몸이 쑤신다
쑤시는 몸 하나가 줄어든다
화분에 남색 꽃이 피었다
남색 꽃이 줄어든다
아침을 먹는다
아침이 줄어든다
가난 이후도 줄어들 것이 있다
윗집 여자가
또 목이 쉬도록 악을 쓴다
줄어드는 악이 시끄럽다
라디오 소리 까치 소리 오토바이 소리
소리들이 와글와글 줄어든다
비가 오고 바람이 분다
비가 줄어들고 바람이 줄어든다

3부

어디로 가는 길이니 하고 누가 물었다

선착장에서부터 시작된 산길이 핼쑥했다
길섶에 죽은 송장메뚜기가 말라 있었다
뻗어가는 돌찔레 옆이었다

비탈을 오르며 돌아본 강물이 기울어졌다

짙붉은 홍단풍이 절의 지붕을 덥썩 물고 있었다
깊게 물린 지붕이 불그레했다
발자국에 다져진 채전 밭이 있었다

돌계단의 햇빛과 그늘 사이가 서로 멀었다

너는 어디로 가는 길이니 하고 누가 물었다

요사채 뒤로 다 읽어야 할 듯 첩첩 산이 있었다

여기가 어디인가요 묻기도 전에
산이 어두워졌다
돌계단에서 내가 급히 어두워지고 있을 때
새 두 마리 절 뒤로 날아갔다

마루에 앉아 어머니를 기다릴 때

마루 틈새에 낀 햇빛이나 파내고 있을 때

바깥 마당에서 안마당으로
후두두 달려 들어오는 빗방울들
괜히 감나무 이파리나 두드리는 빗방울들
널어놓은 빨래나 적시는 빗방울들
맨드라미와 쇠비름 사이로
빠르게 실고랑이나 내는 빗방울들
집 안 빈 데마다
물소리나 채우는 빗방울들

위대한 침묵*

　이 영화는 소리가 없다 화면 속 비행기가 아득히 산을 넘어간다 모서리가 삭은 지붕 끝이 들썩인다 바람이 부는 것 같다 뒷모습의 흰 옷 입은 수도사 한 명이 긴 회랑을 걸어간다. 누가 몸을 숙이고 전화를 받는다 상대방 목소리가 들린다 어디라고? 어디? 큰 소리로 말해. 기울어진 물통에 눈 녹은 물방울이 하나 떨어진다 물방울 소리가 천천히 잦아든다 마당 가운데 눈이 수북한 몇 개의 무덤이 화면에 오래 멈춘다 조도가 낮은 주방에서 김이 오르고 소리없이 식사 준비가 되고 소리없이 모인 수도사들이 소리없이 식사를 끝낸다. 늦게 들어온 누가 어둠을 더듬다가 의자를 덜커덕 젖힌다 여기저기서 혀차는 소리 들린다. 화면은 천년 동안 삭은 담벼락을 돌아 이끼 푸른 뒤뜰의 적막을 보여준다 불기없는 방에서 어린 수도사가 무릎을 꿇고 길게 기도한다 간간히 코를 훌쩍인다. 한 여자가 폴더를 열고 다다다 문자를 친다 눈이 부시다. 늙어 꼬부라진 수도사가 회랑 끝에서 살금살금 걸어온다 화면은 침묵의 생김새를 클로즈업 한다 커다란 회갈색 눈을 덮어내린 긴 눈썹, 하얗게 센 속눈썹, 굳게 닫힌 입술, 엔딩 크레딧, 멀리 눈덮힌 언덕에서 흰 옷 입은 수도사들 넘어지고 미끄러지며 눈싸움을 한다 화면이 멀어졌다 가까워졌다 한다 눈덩이가 날아다니고 수도사들 옷자락이 펄럭거린다 그들 사이로 보일 듯 말 듯 흰 강아지가 뛰어다닌다

　* 다큐멘타리 영화.

산동에 계시는 하느님께

하느님, 그동안 안녕하세요?
꽃의 일은 끝나가고 있는지요?
그늘진 계곡 일이 좀 남았다구요?
돌틈 사이 냉기가 아직 발을 밀어낸다구요?
그늘진 곳에서는 계절조차
키가 작아 안쓰럽다고요?
햇빛과 바람도
당신을 따라 비탈을 오르내리며 바쁘다구요?
덜 핀 꽃망울들의 입이
온 산동네를 머금고 있다구요?
지천이라구요?
꽃망울 그 집집마다를 찾아가 문을 열어주신다구요?
산동네 한꺼번에 터질까봐 조심스럽다구요?
분주히 오르내리다 꽃나무에서
몇 번이나 떨어지셨다구요?
햇빛과 바람도 허둥대다
얼음 풀리는 개울 속으로 함께 빠지기도 한다구요?
물 속 꽃 그림자에 노르스름 젖는다구요?
하느님도 점점 노르스름해지신다구요?
만발할 것 같다구요?
지금 막 현기증 나신다구요?

식사

속이 빈 광역버스
수내역 정류장에서 뚱뚱한 청년 하나 드신다
바쁘게 올라타는 키 큰 남자 하나 더 드시고
핸드폰으로 통화하는 사람 하나 드시고
판교 정류장에서 판교 정류장 하나 드시고
금색 에코백을 든 여자를 드시고
여학생 둘 드시고
짧은 교복 아래 맨 다리를 드시고
꿀꺽 삼키고 쩝 입을 닫고 대교를 달리신다
대교 끝에서
발라먹은 생선가시처럼 여학생 둘 뱉으시고
다 먹은 자장면 그릇같은 청년 하나 뱉으시고
다시 단발머리 하나 드시고
노인 한 분 지팡이 하나 드시고
꿀꺽 드시고
종로 2가까지 한 걸음에 달리신다
김밥 말았던 은박지같은 남자 하나 뱉으시고
치킨 뼈다귀를 버리듯 여자 하나 던져놓고
이윽고 시청앞
먹은 것 다 쏟아내시고
입가심으로 백팩 하나 후드 하나 드시고

아우디와 봄날

혼자 텃밭으로 간다 바쁘게 피고 지는 봄이 사방에서 쌕쌕거린다 흩날린다 한참을 가도 봄이다

흩날리는 벚꽃 아래 벤츠 매장 아우디 매장 볼보 매장이 있고 왼쪽으로 꺾은 내가 아우디 매장으로 들어가고 멀뚱 서 있는 내가 '어디 가?' 하고 묻고 문득 눈이 부시고

진열된 차와 벚꽃 사이로 사라졌던 내가 흰색 아우디 한 대를 타고 벚꽃 속에서 나온다 서현을 지나 판교IC에서 경부고속도로를 타고 남쪽으로 가서 꿀풀꽃이 푸르스름 핀 무덤가에 차를 세운다 앞 냇물은 좀 더 자잘하게 반짝이고 가물대는 집터에서 아지랑이가 아른댄다 엄마, 봄인데 뭐 해요 밭에 안 가요 우리 악양으로 꽃놀이 가요 가는 길에 자목련 보러 다솔사에도 가요 엄마가 예전처럼 손차양을 하고 아우디를 바라본다 좋은 차를 타고 왔구나 이 차 이름 아우디예요 방금 샀어요 정애가 이 차 타고 다녔잖아요 얼마나 부러웠는지 몰라요

봐라 꽃은 여기도 지천이다 사람 사는 데 꽃 안 피는 데가 어딨겠느냐 다솔사도 여기 있고 자목련도 있다 여기는 너의 아버지도 있단다 먼 데 꽃구경 가지말고 너의 아버지 구경이나 하고 가라. 다행이다 엄마는 비로소 아버지 풍경에 빠졌다

>

　쏟아지는 벚꽃 속에서 걸어나오는 나를 데리고 아우디 매장 앞에서 다시 텃밭 쪽으로 걸어간다 길가 화단에 원추리 새 순이 시퍼렇다 점멸하는 신호등 노란색과 햇빛이 뒤섞여 아른댄다

신현정 시인이 가고

가을이 깊다
노을을 딱딱 치며 검은 염소와 뿔싸움을 하던 곳
바지가 자꾸 흘러내리는 날
하느님을 불러내려 숨바꼭질 하던 곳
통증으로 눈앞이 가물대는 날
광화문 해태처럼 이를 꽉꽉 물던 곳
어느 날 기운이 뻗쳐
가본 적 없는 운주사를 끌고 오던 곳
거대한 와불이 질질 끌려오던 곳
와불더러
일어서! 일어서! 종주먹을 대던 곳
와불과 한나절 엎치락뒤치락 놀던 곳
솔바람 속에 큰 대자로 누워
천년 전을 기다리던 곳
와불이랑 둘이 돌이 되어가던 곳
아무도 보지 않을 때 슬쩍
하늘을 통째 눈에 넣고
눈 딱 감아버린 곳
와불이랑 둘이 바쁘게 떠난 곳
염소와 나팔꽃과 하느님 위로
낙엽이 지는 곳

달의 교통사고

내 이름은 달입니다 달 꿈을 꾸고 할아버지가 지은 이름입니다 내 이름을 지을 때 할아버지의 세상이 너무 어두워 달빛이나마 간절한 때였을까요? 할아버지는 나를 달아 달아 불렀어요 내가 반사되는 동안 할아버지의 얼굴이 밝았어요 참 오래 전 얘기예요

푸드코트로 출근하던 아침 갤로퍼가 나를 치었어요 눈을 떴을 땐 병원이었어요 온몸의 뼈가 다 부서졌대요 그 동안 사람들이 나를 둥글다고 했지만 부드럽고 밝다고 했지만 내가 거칠고 황량한 돌덩어리로 되어 있는 걸 모르고 하는 말이예요 부서진 내 몸속이 온통 어둠뿐인 돌밭인 것을 수술한 의사는 다 알았을 거예요 오늘 수술에서는 부서진 뼈와 뼈에 겹겹으로 쇠를 걸고 팔다리와 늑골과 목에 여러 개의 난간을 설치했네요 난간은 낯설고 아파요

욱신거리는 몸 속에서 누가 떠나고 있어요 내가 부르면 몇 걸음 돌아오다가 다시 떠나고 밤새 떠나요 오래 전 그가 떠난 후 사방이 검정물을 뒤집어쓴 것처럼 어두워졌어요 아이들 몰래 목구멍 속으로 어둠을 밀어넣었어요 아이들은 엄마 뭐 먹어 뭐 먹어 입 속을 후볐어요 삼킨 어둠이 수천 미터도 넘을 거에요 어느 그믐밤에, 세월이 참 빠르네요, 당신은 어디쯤 갔어요? 봄이 왔어요 아이들이 훌쩍 컸어요 라고 혼자 속에 것을 풀어내면 그 어둠 위로 별이 쏟아져 반짝이기도 해요 가을에 우리 딸 결혼해요 두 달 후엔 푸드코트로 출근도 할 수 있대요

논개

    누가 나의 애인과 수십년 째 남강 다리를 건너고 있다 그녀는 언제나 스무 살 강물 속 대밭은 짓푸르고 생리통을 앓는 그녀의 스무 살은 발그레하다 그녀는 쓴다 저녁부터 첫눈이 내리기 시작했어요 메아쿨파! 지금도 메아쿨파 메아쿨파!…… 부칠 곳 없는 편지가 쌓이고 나는 몇 잔의 술을 권하며 그 여자의 눈물을 닦아준다 내 애인이 있는 곳으로 마음이 온통 따라가고 몸만 남은 여자 엊저녁 꿈에 그를 만나 식었지만 드세요 제 몸을 한 상 차려주었는데, 이 화냥년! 그녀의 뺨을 갈겼는데 그녀는 여전히 내 애인과 남강을 건너고 있다

떨어지고 흩어지고 흘러가고

　밤새 가을비가 내리고 가로수 잎들이 떨어지고 아침이 손바닥으로 떨어지는 나뭇잎을 받고 움츠린 사람들이 점멸하는 신호등을 건너 빠르게 흩어지고 다시 우르르 모이고 흩어지고 다시 흩어지고 밤새 앓다가 나간 너는 지금 수서를 지나며 혼자 기침을 하고 뚝섬쯤에서 혼자 목이 아프고 신호등에 열리며 닫히며 아프지 않을 때처럼 바쁘게 가고

　나는 청구빌라를 지나 이디아 커피를 지나 성당으로 가고 할 말이 있어서 갔다가 짧은 그림자를 밟으며 되돌아 오고 하느님이 자신의 그림자를 밟으며 나란히 오고 집까지 같이 오고 담장 옆 고인 물 속에 구름이 흘러가고 밝게 익는 마가목 열매 옆에서 까치가 갸웃거리고

오늘 거기 예약했는데요

눈보라가 싫다는 사람이 있어서 어쩌지요?
눈 속에서 헤매던 기억이 끔찍하다고 합니다
이 말을 하니까
눈 속에서 길을 잃은 영화 속 주인공이 떠오르지요?
거기가 시베리아였던가요?

2차선 도로에서 시동이 꺼졌다고
양쪽 길이 다 막혔다고
외곽에서 오는 사람이 전화를 했네요
밤중에나 도착할지 모르겠다고요

모자를 못 찾아서 꼼짝 못한다는 사람도 있습니다
너무 추워서 후드 안에 털모자를 꼭 써야 한다고요
모자가 없어진 게 언제인지 모르겠다고 합니다

어느 집은 밖으로 문이 열리지 않는다고 합니다
문이 얼었을까요?
가서 밖에서 문을 열어주라고요?
집을 몰라요
그의 얼굴을 본 적이 없어요

>
　　나미비아로 간 사람은 아직 오지 않았고요
　　적갈색 모래 능선을 뭉게뭉게 찍어보내며
　　적갈색이 자신과 잘 맞는다고 자랑을 합니다
　　점심 약속 같은 건 아예 잊은 듯요

　　오랫동안 얼음판을 지나온 사람이
　　이제 더 이상 얼음 위를 걸을 발바닥이 없다고 합니다

　　한 사람 뜬금없이
　　우리가 언제 약속을 했냐고 따집니다

　　오늘 예약 취소합니다

준우

    휠체어에 앉은 그가 언제나 거기 있는 그가 정물같은 그가 휠체어에서 키가 자라고 열 다섯 살이 되고 커다란 눈을 껌벅이는 그가 활짝 웃는 그가 수염이 자라고 자신도 모르는 사춘기가 자신을 자라오르는 걸 모르는 그가

    맑고 깊은 그의 눈을 일렁거리는 호수처럼 사람들이 들여다보고 그 깊은 데서 그는 넓은 운동장을 달리고 공을 차고 상대 수비를 제치고 골을 한 방 먹이고 그때 그의 어깨가 높게 들썩이고 펄쩍펄쩍 뛰고 잔디 위로 슬라이딩하고 으슥한 공원 구석에서 입술 빨간 여학생을 만나고 싱글벙글 웃고 또 웃고 PC방으로 달려가 게임에 빠지고 밥도 안 먹고 게임 오버, 두 팔을 번쩍 들고 소리지르고
    거기 하루종일 있고 돌아오지 않고 그의 눈을 들여다보는 사람들이 다 거기 모여있고 그가 자신의 눈을 들여다보는 사람들을 뚫어지게 보고 있고 정물처럼 보고 있고

어머니 전집

　모처럼 햇볕이 쏟아졌다 갖고 놀던 사금파리가 밝아지는 순간이었다 어머니가 광에서 눅눅한 잡동사니를 마당으로 끌어냈다 잡동사니들이 끄억끄억 소리를 내며 끌려 나왔다 이노무 해야, 어데 갔다 인자 오노, 다 썩었다 아이가, 어머니가 던진 멍석에 얻어맞는 햇볕이 퍽퍽 꺼졌다 눈부셨다 했다 곰팡이 핀 제기에 얻어맞으며 마당이 한참을 덜그럭거렸다 얼룩진 병풍이 내동댕이쳐지며 벌어진 틈새에서 글자들이 벌레처럼 꿈틀거렸다 어머니는 그렇게 한참을 중얼대며 광을 다 비워냈다 조상들이 벌벌 떨며 다 딸려나온 것 같았다 퉤, 어머니가 마당에다 침을 돋우어 뱉았다 이노무 귀신들 이노무 웬수들

　제사를 모시러 온 아버지는 젖은 책을 한 장씩 넘겨가며 말리고 있었다 내년에는 작은집을 정리하고 집으로 와야지 와야지, 어머니를 흘끔거렸다 욕을 퍼붓지 않는 어머니는 기울어지는 햇볕을 코고무신 바닥으로 누르고 있었다 아무리 후후 불어도 이틀쯤으로는 아버지의 책은 마르지 않았다 햇볕이 멍석을 지나 병풍 모서리를 지나 마당 끝으로 가고 있었다 장편소설처럼 두꺼운 어머니를 젖은 채로 두고 아버지는 일어섰다 이노무 비 또 온다, 이노무 장마, 어머니는 덜 마른 것들을 도로 쑤셔넣으며 광 속에다 대고 욕을 퍼부었다

절이 흘러갑니다

　경북 김천에 가면 도랑이 많은 절이 있습니다 신을 벗어 놓고 좁은 도랑에 들어서면 물은 오는 것들을 다 싣고 흐릅니다 물섶에 늘어진 풀들이 졸졸 떠내려 갑니다 함께 떠내려가는 오늘이 풀잎보다 가볍습니다 송진 냄새가 진합니다 솔잎 따라 떨어지는 새소리들도 졸졸 떠내려갑니다 날아가는 몇 마리 새가 물의 말로 지줄댑니다

　당신 속에도 내 속에도 오래된 뒤안이 있습니다 안개 속에 저녁독경이 깔리고 향이 피어오르는 곳입니다 오래 붙들고 있는 이름들이 호명되고 그곳에도 물이 흘러갑니다 물길 위로 이름들 하나씩 띄워 보냅니다 천불전 부처들도 대웅전 금동불상도 성큼 들어섭니다 도랑이 철벙 넘치고 물이 불어납니다 능소화가 떨어지고 절이 흘러갑니다

감과 하늘

감 한 개 하늘 한 개 땄다
감 백 개 하늘 백 개 땄다

감 오십 개 하늘 오십 개 가져가고
감 오십 개 하늘 오십 개 가져왔다

스트로브잣나무에게

사철 창밖에 서 있기만 할래?
네가 무슨 촉록색 털짐승이니?
집 안 기웃거릴래?
꽃 핀 산수유 옆에 멀뚱히 서서 힐끔거릴래?
끝나지 않는 내 기침 소리 듣고
베란다에 핀 붉은 시크라멘 보는 척 할래?
새 몇 마리 왔다갔다 하는지 세고 있을래?
기도하고 기다렸던 입찰 또 꽝 된 거
밥 생각도 없이 먼 산 보고 있는 거
봄 내내 보고만 있을래?
꺼무럭거리고 그렇게 서 있을래?
바람이 세게 불 때 창문만 퍽퍽 치지말고
비 오고 갑자기 추울 때
혼자 푸르르 떨지 말고
집에 들어올래?
홍단풍 떨어지는 거나 보고 있을래?
벌레 먹힌 산사나무나 보고있을래?
강아지가 강아지 꽁무니 쫓아가는 거나 볼래?
문 열고 신 벗고 들어 와 뚜벅뚜벅
같이 밥 먹자 우적우적, 오래된 식구 같이

누가 강 건너에서
— 봄을 그렇게 길게 잡아 늘였을까

아버지를 기다리던 봄은 어찌나 길던지 저쪽 강 건너에서 누가 길게 잡아늘이는 것 같이 아른아른 끝이 보이지 않았다 진달래가 졌으면 됐지 연달아 지천으로 철쭉이 피어 봄색을 덧칠하던 이유를 알 수가 없었다 꽃이 다 질 때까지 하도 오래 걸려서 해쓱해진 살구꽃도 아버지를 기다리는 것 같았다

오빠는 아버지를 기다리는 대신 길고 긴 봄 내내 강둑에 나가 봄의 길이를 꺾듯 풋버들 가지를 꺾어댔다 오빠가 부는 피리 소리 속에서 아버지가 삐우삐우 날아나왔다 소리는 나른한 햇볕을 휘젓고 소리를 휘감던 햇볕은 안마당을 채우고 축담이나 마루 위까지 넘쳤다 나는 구비치는 햇볕을 건너다니느라 허우적허우적 지치고 할아버지 제삿날까지 강을 가로지른 봄은 길게 아른대기만 했다

C

너를 기다린다
너는 해가 져도 오지 않는다

너라고 불러본 적 없는 너
하늘보다 끝없는 너
남극보다 먼 너
나무에서 나무를 지나가는 너
문 열고 나가는 너
투덜거리는 너
쓸쓸한 너

너!하고 부르기도 전에
어이 거기! 하기도 전에
여기요 여기! 손들고 나서는 너
밤새 깜깜하게 같이 있어주는 너
그러나 오지 않는 너

너는 늦여름 삭은 나무 벤치
몰려다니는 전단 쪼가리들
혼자 흔들리는 그네
스치는 어깨
천지에 널린 너
천지에 없는 너, 너를 기다린다

물끄러미

나는 나로부터 먼 데 서 있었다
내가 비에 젖어도 나는 젖지 않았다
물끄러미 바라보는 나를 바라보았다
눈 속에 떨고있는 내가 있고
눈발의 건너편에 서있는 내가 있었다

지나가시는 하느님의 등이 허전했다
새 잎이 혼자 돋아
제 그림자를 들여다보고 있었다

밤새 고양이가 울고
밤새 고양이가 남았다

나를 태운 기차가 떠나고 나는 남았다

마루는 마루끼리 멀고
벽은 벽끼리 멀었다

우리는 각각 제 발등이나 내려다보고 있었다
각각 옷에 묻은 풀벌레 울음이나 듣고 있었다
혼자 견디다가 혼자 죽는 것을 아득히 보고 있었다
누구도 누구를 흔들어 일으킬 말이 없었다

해설

비극적 자기 인식에서 세계의 영원회귀로

이성혁 문학평론가

비극적 자기 인식에서 세계의 영원회귀로

이성혁 문학평론가

1.

　정상하 시인의 시법은 '전도顚倒'와 '비약'을 그 특징으로 한다. 아래의 시편들을 다시 읽어보자.

　　막 태어난 아기가 힘차게 울었다
　　아기 뒤를 따라 엄마가 태어났다
　　멋쩍게 웃는 아빠가 태어났다

　　여름이 아기를 따라 태어났다
　　똥 싸고 하품하고 쭉쭉 자랐다
　　침대와 기저귀와 우유병이 자랐다
　　엄마와 아빠가 자랐다
　　―「해피 버쓰데이」 전문

　　달리는 고속버스가
　　햇살에 사로잡혔다

간지러워 온 몸을 턴다
　　햇살을 벗어나려
　　햇살 밖을 향해 달린다

　　방금 잡힌 물고기 같이
　　고속도로가 퍼덕거린다

　　번득이는 비늘을 세우며
　　강물이 물뱀처럼 일어선다

　　백로 두 마리
　　꿈틀대는 강을 찍어물고 흔든다

　　전신이 붉은 과수원이 따라온다

　　안전띠에 묶여 뒤척이다가 간지럽다가
　　버스가 무슨 이름의 과일처럼
　　익는다
　　말랑해진다
　　ㅡ「가을」전문

　위의 시편들은 정상하 시인의 상상력이 어떻게 작동하는지 잘 보여준다.「해피 버쓰데이」는 '아기'가 막 태어나자 비로소 '엄마'와 '아빠'가 태어났음을 말해준다. 다시 말해서 아기가 '엄마'와 '아빠'를 낳은 것이라고도 하겠다. 이러한 전도된 인식이 얼토당토하지 않다고 말할 수는 없다. 왜냐

하면 아기가 태어나야 부부는 비로소 '엄마'와 '아빠'가 되기 때문이다. 그래서 저 우리의 상식을 전도한 의식은 진실을 말해준다. 아기가 자라나는 장면을 보여주고 있는 2연 역시 전도의 상상력이 발동되고 있다. 아기의 탄생은 아기를 둘러싼 계절('여름')의 탄생을 이끌고 아기의 성장은 기저귀와 우유병을 자라게 한다. 처음 아기를 키우는 부부는 기저귀 갈고 우유 먹이는 일도 쉽지 않았을 테지만, 점점 이 일에 능숙해졌을 것이다. 그래서 아기가 커가면서 "엄마와 아빠가 자랐다"는 말이 틀린 말이 아니다. 아기 역시 기저귀와 우유병에 점점 잘 적응할 터인데, 시인은 이를 전도시켜 "기저귀와 우유병이 자랐다"고 말한다.

앞의 시가 정상하 시인의 전도하는 상상력을 보여준다면 아래의 시는 시인의 상상력이 비약하고 확장하는 모습을 보여준다. "달리는 고속버스"를 물고기에 유추하여 발랄하게 전개되고 있는 시인의 상상력은 급기야 버스를 과일로 비유하는 데로 탄력 있게 비약한다. 도로와 고속버스 위로 내리쬐는 가을햇살은 그물을 연상시키고, 그 연상은 고속버스를 그물 속에서 꿈틀대고 퍼덕거리는 물고기로 비유하게 이끈다. '그물-햇빛'에 잡힌 '물고기-고속버스'는 그 그물로부터 벗어나고자 "햇빛 밖을 향해 달"리고, 시인의 상상력은 그렇게 달리는 고속버스로부터 "고속도로가 퍼덕거"리는 이미지로 나아간다. 그리고 놀랍게도 그 퍼덕거리며 햇빛에 번쩍이는 도로의 모습은 물고기의 '비늘' 이미지로, 나아가 "물뱀처럼 일어"서는 '강물' 이미지로 확장된다. 가을햇살이 내리쬐는 도로가 뻗어나가고 있는 풍경은 "꿈틀대는 강"으로 비유되고 있는 것이다. 이 강을 "백로 두 마리"가 "찍어물고 흔"드는 장면은 또 다른 변전이다. 사실 '도로-강'은 하늘 위에 있는 백로에게는 물고기만한 크기의 먹잇감 아니겠는가.

    그리고 이 도로 뒤를 "전신이 붉은 과수원"이 따라오고 있다…. 아마도 이 진술은 단풍을 단 과수果樹들이 도로를 따라 펼쳐진 모습을 표현한 것일 터, 역시 전도의 상상력이 발휘된 것이라 하겠다. 마지막 연에서는 이 상상력은 과수원의 이미지에서 연상되는 환유를 작동시켜, 버스를 과일로 비유하는 이미지의 비약을 이루어낸다. 햇살에 걸려든 버스는 그 햇살 아래의 과일처럼 익어가서 "말랑해진다"는 것. 강물이었던 도로가 붉은 과수원으로 전화되면서 이루어진 이미지의 비약이다.(고속버스는 과수원에 있는 나무 하나에 달린 과일 하나다.) 그런데 "안전띠에 묶여 뒤척이다가 간지럽다가"의 주체는 누구인가? 버스라고 할 수도 있겠지만 시인 자신이라고 생각하는 것이 자연스럽다. 그렇다면 그 버스 안에서 안전띠를 매고 앉아 있는 시인 자신도 익어가는 버스 속에서 같이 익어가고 말랑해지지 않겠는가? 다시 말해, 이 놀랍게 비약하고 전도하는 이미지들로 표현된 가을 속에서, 화자 역시 이 가을 풍경에 녹아들면서 그의 마음은 익어가고 말랑해지고 있다….

2.

    「가을」을 통해 보았듯이 정상하 시인은 어떤 풍경을 이미지화 할 때, 그 이미지는 풍경에 동화되고 있는 시인의 마음 역시 표현한다. 그는 이미지들을 활달하게 변전시키면서 세계의 모습을 선명하게 제시하고자 하는 이미지즘의 전통을 따르면서도, 결국에는 그 이미지의 전개를 통해 자신의 마음을 표현하고자 하는 것이다. 어둠의 이미지를 운동장에서 화단으로, 소나무 냄새로, 농구대와 벤치로, 그리고 "물 고인 땅바닥"으로 변전시키고 있는 「밤 9시와 10시 사이」는, "흩어져 밟힌 쓰레기가 되고/ 안에서 현관문이 꽝 닫히고/ 바깥에 남는/ 내가 되고"라는 구절로 끝나고 있다. 시의 후반부에서 어둠은 땅바닥에 버려져 밟힌 쓰레기의 이미지로 변전되면서 바깥에 버려지듯 문밖에 홀로 남은 '나'와 일체화되는 것이다. 이 시에서 시인이 펼쳐낸 어둠의 이미지 변전은 현관문 밖으로 내쫓겼던 과거의 아픈 기억을 표현한다. 이렇듯 정상하 시인은 현란하게 구사하는 이미지의 전도와 변전을 통해 그의 마음을 펼쳐내고 있는데, 그 마음은 방금 예로 든 시에서처럼 어떤 아픔과 연결되어 있는 경우가 많다.

    어깨가 몸을 송두리째 삼킨다
    아무리 달아나도 통증이 더 빠르다
    번쩍이는 레이저 칼이 수북해
    나는 통증 수집가

    온 몸이 어깨다
    벌떡거리는 어깨가 사납다
    손가락 끝에서
    눈에서
    허리에서

  어깨가 자란다

  마구 자라나는 어깨를 뽑아
  후박나무 옆에 심어야겠다
  어깨나무에서 주먹만한 꽃들이 필거야
  잘 키워 가로수로 써야겠다
  어깨가 펄럭펄럭 바람을 휘두를거야
  넓은 이파리로 거리를 휩쓸거야

  사방에서 어깨 새 순이 돋고
  침대 가득 어깨가 뒤척인다
  천지가 끙끙 앓는 어깨다
   —「어깨」전문

 위의 시 역시 전도의 상상력이 발휘되고 있는 시다. 신체의 일부인 아픈 어깨가 시인의 몸과 의식을 압도하는 주체가 되고 있으니 말이다. 하지만 무리 있는 전도는 아니다. 육체적 고통을 앓아본 사람은 누구나 고통스러운 부위를 뽑아내고 싶다는 생각을 해본 일이 있을 것이다.(필자 역시 복통을 앓았을 때 배를 갈라 장기를 뽑아내고 싶다는 생각을 해본 일이 있다.) 그리고 그때엔 아픈 부위가 몸과 정신을 지배한다는 것을 경험해봤을 것이다. 아픈 "어깨가 몸을 송두리째 삼킨다"는 표현은 과장이 아닌 것이다. 정신이 그 고통으로부터 도망치고자 해도 "통증이 더 빠르다"라는 말에도 누구나 다 공감할 듯싶다. 그런데 시인의 상상력은 그러한 경험에서 더 나아가 이제 "온 몸이 어깨"라는 식으로 확장된다. 몸 전체가 고통을 응집하고 있는 어깨가 되며 그 몸을 통해 '어깨-고통'이 자라난다. 이에 시인은 이 '고통스러운 몸-어깨'를 뽑아내어 땅에 심어 가로수로 써야겠다고 희구하고는, 그러한 상상은 그 "주먹만한 꽃들이 필" '어깨나무'에서 자라난 "넓은 이파리"들이 "펄럭펄럭 바람을 휘두"르며 "거리를 휩쓸" 것이라는 기묘한 상상으로까지 이어진다. 나아가 그 어깨나무가 휘두른 바람에 의해 "사방에서 어깨가 새 순이 돋"을 것이며 그리하여 "천지가 끙끙 앓는 어깨"가 되리라는 것이다.

 고통이 응집되어 있는 어깨를 땅에 심는다는 행위를 어떻게 이해해야 할까. 그 행위는 바로 시 쓰기를 의미하는 것은 아닐까? 시에는 시인의 고통이 응집되어 있지 않는가. 하여, 인쇄되어 발표되는 이 시인의 '어깨-고통-시'는 세상을 휩쓸면서 아픔의 새 순을 돋게 하고 '천지'를 앓게 하지 않겠는가? 그렇다면 위의 시는 시인의 시론을 담고 있다고 말할 수 있겠다. 시 쓰기란 고통을 글에 심어두어 자라게 하는 행위이며, 그렇게 쓴 시에는 삶이 겪어낸 고통이 응집되어 있다는 시론. 이러한 시를 쓰기 위해서는, 시간의 흐름 속에서 사라져가는 삶의 아픈 단면을 붙잡아 이미지화 하는 작업이 필수적이다.

  한 여자가 겹겹의 옷을 벗고 샤워를 한다
  벗은 옷이 다 쓸려내려간다
  살이 흘러내린다
  여자의 몸이 다 닳아 욕조 구멍으로 빨려내려 간다
  여자는 남은 몸을 놓치지 않으려고

흘러내리는 몸을 되감는다
　　―「햇빛이 켜졌다 꺼졌다 했다」 부분

　"겹겹의 옷을 벗고 샤워를 한다"는 행위, 그것은 삶을 살면서 써야 하는 가면persona을 벗는 일과 같은 행위일 터, 저 샤워는 사회생활을 하면서 입어야 하는 거짓을 씻어내는 행위라고 하겠다. 그러나 시에 따르면 "벗은 옷이 다 쓸려내려"도록 하는 '샤워'는 살까지 흘러내리게 한다. 거짓을 씻어내는 샤워는 가면 안쪽의 속살까지 씻어내고, 그래서 '살―삶' 전체가 다 닳아 흘러내리고 마는 것이다. 우리에게 생활을 위한 거짓은 삶의 살이 되어버려서, 진실함 그 자체로 존재하려고 거짓을 씻어내고자 했을 때에는 삶 자체가 사라질 수 있다. 그렇기에 어쩌면 진실은 그 자체로서만 존재할 수 없는 것일지 모른다. 하지만 시인은 샤워를 감행했고, 그로 인해 '살―삶'은 물과 함께 "욕조 구멍으로 빨려내려"가 버리고 있다. 이에 시인은 자신의 '살―삶' 자체가 다 씻겨 내려가 '욕조 구멍' 속으로 사라지지 않도록 "흘러내리는 몸을 되감"으려고 하는 바, 이 되감기가 시 쓰기라고 할 수 있을 것이다. 그렇다면 시 쓰기란 거짓―'겹겹의 옷'―을 벗고 씻어내는 샤워이면서, 이와 동시에 샤워로 인해 사라지고 있는 '살―삶' 자체를 되감아 구제하고자 하는 행위다. 시인이 자신의 삶에 대한 회상을 시화詩化하고 있는 아래의 시는 그 '되감기―구제'를 보여준다.

　　사천泗川 만지滿地 839번지
　　팽나무가 있는 동네 입구

야산 쪽으로 휘어져 있음
바람이 추스르고 보살피다가
강을 건너 가버림
뒷산 소나무 두 그루 사이 황량히 붉음
그 위 범바위 올라서면 사천 바다가 보임
나는 어느 쪽에서 왔는지 알 수 없음

젖어있는 지도 한 가운데
청춘, 숨가쁘게 일어섰음
폭우가 자꾸 쏟아졌음
건너편으로 가는
길이 가까스로 깜박이고 있었음
세상이 다 번져 읽을 수 없었음
쓰러진 화살표들이 켜켜이 쌓여있었음

어제 춘분 지나간 지점
막 겉옷을 벗은 남자가 몸을 구기고
TV를 보고 있음
어둠에 불을 켠 서쪽 벽면 스위치 두 개
그 위 푸르스름 액자 걸려있음
천사 가브리엘과 두근거리는 마리아 있음
깜깜한 창 밖 나무들 보이지 않음
— 「현재 위치」 전문

'사천 만지'라는 지명은 경삼남도에 위치한 사천시 '만지 마을'을 가리킨다. 시인은 현재 이 마을에 위치해 있다. 1연은 화자가 서 있는 사천 만지의 '839번지' '동네 입구'를 묘사한다. 묘사되고 있는 이 입구의 모습은 바로 시인 마음의 모습이기도 하다는 것을 우리는 알고 있다. "야산 쪽으로 휘어져 있"는 길은 시인의 마음 역시 휘어져 있음을 의미한다. "황량히 붉"은 "뒷산 소나무 두 그루 사이"는 시인의 현 상태가 황량하고 붉다는 것을 말해준다. 게다가 "바람이 추스르고 보살피다가/ 강을 건너 가버"린 상황, 그를 보살펴주는 것은 이제 아무도 없다. 이 황량하게 붉은 '현재 위치'로 이어지는 휘어진 길을 보면서 시인은 이 상태에 이르기까지 살아왔던 삶의 길을 떠올리기 시작한다. "숨가쁘게 일어섰"고 "폭우가 자꾸 쏟아졌"던 '청춘' 시절로부터 '현재 위치'에 이르기까지의 길을. 그 길 위에는 "쓰러진 화살표들이 켜켜이 쌓여 있"다. 이는 시인이 "가까스로 깜박이고 있었"던 길을 따라 "건너편으로 가"고자 했던 시도들-'화살표'가 말해주는-은 줄곧 실패해왔다는 것을 의미한다. 그것은 '건너편'으로 가는 길을 보여줄 지도가 폭우가 내리는 '세상'으로 다 젖어 번져버렸기 때문이다. 그는 어디로 가야하는지 알 수 없었다. 또한 그렇기에 '현재 위치'에 이르기까지 자신이 "어느 쪽에서 왔는지 알 수 없"기도 했다.

  건너편으로 가지 못한 시인은 '현재' "남자가 몸을 구기고/ TV를 보고 있"는 어떤 집안에 있다. 그 남자의 모습은 TV에 정신이 팔린 현대인들의 전형을 보여준다. "몸을 구기고"라는 구절에서 알 수 있듯이 시인은 그 남자의 모습에서 현대인의 무기력을 읽어내고 있다. 구원의 메시지-수태고지-는 그러한 현대인이 거주하는 어두운 방 안에 '푸르스름한' 액자로 장식 삼아 걸려 있을 뿐이다. 창밖은 깜깜해서 나무들조차 보이지 않는다. 시인이 묘사한 방 안팎의 풍경 역시 그 자신의 내면 상황을 암시할 터, "어느 쪽에서 왔는지" 모르는 그로서는 어디로 가야하는지도 알지 못할 것이다. 그래서 현재의 그가 나가야 할 '창 밖'은 깜깜하며, 미래를 위해 자라는 것은 아무 것도 없다. 나무 한 그루 보이지 않고 황량할 뿐인 그의 현재 위치. 과거와 끊어지고 그래서 미래 역시 보이지 않는 그의 현재 위치는 "외딴 곳"(「외딴 곳」)이다.

  이러한 암울한 인식을 정상하 시인이 굳이 시로 쓰고자 하는 것은 흘러가버리는 '삶-살'을 되감아서 붙잡아두고자 하는 욕망 때문이다. '흘러내리는' 자신의 삶을 되감아 붙잡기 위해서는 지금 "여기가 어디인가요"(「어디로 가는 길이니 하고 누가 물었다」)라고 질문하면서 현재의 자신을 투시하고 인식하는 작업부터 해야 하는 것이다. 그런데 그 질문을 묻기도 전에 "산이 어두워졌"으며 이에 "내가 급히 어두워"(같은 시)졌다는 것이 그의 비극적 자기 인식이다. 그는 자신이 어디에 있는지 투시하고자 하자마자 어둠에 점령되어 있는 자신과 맞닥뜨리게 되는 것이다.

3.

  정상하 시인은 자기 자신-또 다른 '나'-을 집요하게 바라보고 추적하면서 그 '나'의 이미지를 붙잡고 풍경화하여 묘사한다. 그것은 "물끄러미 바라보는 나를 바라보"(「물끄러미」)는 작업이 전제되는데, '나'를 바라보는 '나'를 '물끄러미' 응시하는 이 작업은 아래와 같이 또 다른 '내'가 죽어가는 모습을 보는 데까지 이끈다.

    나는 나로부터 먼 데 서 있었다
    내가 비에 젖어도 나는 젖지 않았다
    물끄러미 바라보는 나를 바라보았다
    눈 속에 떨고 있는 내가 있고
    눈발의 건너편에 서 있는 내가 있었다

    지나가시는 하느님의 등이 허전했다
    새 잎이 혼자 돋아
    제 그림자를 들여다보고 있었다

    밤새 고양이가 울고
    밤새 고양이가 남았다

    나를 태운 기차가 떠나고 나는 남았다

    마루는 마루끼리 멀고
    벽은 벽끼리 멀었다

    우리는 각각 제 발등이나 내려다보고 있었다
    각각 옷에 묻은 풀벌레 울음이나 뜯고 있었다
    혼자 견디다가 혼자 죽는 것을 아득히 보고 있었다
    누구도 누구를 흔들어 일으킬 말이 없었다
    ―「물끄러미」 전문

위의 시에 따르면, 시인이 자기 자신을 응시했을 때, 자신이 "나로부터 먼 데 서 있었"음을 인식하게 되었다. 시인의 눈에 포착된 또 다른 '나'는 "눈발의 건너편에 서"서 "눈 속에 떨고 있"었던 것이다. 어느새 '나'로부터 '나'는 멀어져 또 다른 '나'는 외롭게 추위에 떨게 되었다. 어떻게 '나'와 또 다른 '나'는 멀어지게 되었을까? "나를 태운 기차가 떠나고 나는 남았"던 것, 그 이별을 추동한 것은 밤새 운 '울음'이다. 어떤 울음이 '나'와 또 다른 '나'와의 이별을 가져왔던 것, 이제 또 다른 '나'를 "물끄러미 바라보는" '나'와 '나'를 "물끄러미 바라보는" 또 다른 '나' 사이는 "마루는 마루끼리", "벽은 벽끼리" 먼 것처럼 거리가 멀게 되었다. 서로 "물끄러미 바라보"고 있다는 것은 그만큼 서로가 낯설다는 의미다. 그 두 '나'는 이제 언제나 상반된 상황에 있게 된 존재들이다. '내'가 "비에 젖어도" 다른 "나는 젖지 않았다"니 말이다. 상반된 존재가 되어버린 두 '나'는 외로이 분열되어 결합되지 못한 채 살아가야 할 운명이다.

 그런데 시인은 이러한 분열이 세계 자체의 존재 방식이 되었다고 생각하는 듯하다. '새 잎'도 "혼자 돌아/ 제 그림자"와 분열된 채 그 "그림자를 들여다보고 있"는 것 아닌가. 세계는 '허전'하게 존재한다. "지나가시는 하느님의 등이 허전"한 것을 보면 말이다. 하느님도 허전하게 존재한다. 신과 세계도 분열되었다. 이러한 세계에서 두 '나'의 비극적 분열은 운명적이다. '나'를 남기고 기차를 타고 떠나간 또 다른 '나'는 다시 돌아오지 않을 것이다. 두 '나'의 분열은 봉합되지 않는다. "우리는 각각 제 발등이나 내려다보"면서 "옷에 묻은 풀벌레 울음이나 뜯고 있"을 뿐이며, 다만 먼 데에서 '아득히' 서 있는 서로를 볼 수 있을 뿐이다. "누구도 누구를 흔들어 일으킬 말이 없었"기에 서로가 서로에게 어떠한 영향도 끼치지 못한다. 이 무력함 속에서 '나'는 저 멀리 외로이 떨고 있는 자신이 "혼자 견디다가 혼자 죽는 것을 아득히 보고 있"다. 시인은 죽어가고 있는 또 다른 '나'의 모습을 보고 있는 것이다.

  정상하 시인의 시 쓰기 작업 중의 하나가 또 다른 '나'를 관찰하면서 이미지화하여 묘사하는 일이라고 할 때, 그 시작詩作은 또 다른 '나'의 죽음을 기록하는 일이기도 하겠다. 그는 '나'로부터 떠나간 또 다른 '내'가 저 멀리서 죽어가는 모습을 이미지화하면서, 죽음을 역설적으로 살아낸다.

> 이역으로 가는 길은 밤새 문고리를 잡고 가는 낯선 여자를 지켜보는 길인지 그녀 풍덩 구천으로 몸 던질까 봐 목구멍으로 숨 삼키며 가는 길인지 그녀 서 있는 난간이 밤새 위태로웠다
>
> 달빛이 창호지 아래 한 뼘쯤 남았을 때 밤새 소리가 뚝 그치고 목탁 소리가 났다 하룻밤 새 요사채 지붕 길이만큼 멀고 먼 서쪽 나라에 도착해 있었다
>
> ―「자고 갈 건가요」부분

시인이 "이역으로 가는 길"에서 지켜보고 있는 "문고리를 잡고 가는 낯선 여자"란 바로 그의 또 다른 '나'를 가리키지 않겠는가? 그런데 그가 가고 있는 이역異域이란 어디인가? 그 자신도 모를 것이다. 앞에서 보았듯이 어디에서 왔는지 모르는 그는 어디로 가야하는지 알 리 없다. 다만 "달

빛이 창호지에 그리는 숲을 보며" "알 수 없는 곳"(위의 시)인 이역을 향해 그는 무작정 떠났던 것인데, 이 이역으로의 여정이 시 쓰기를 의미함을 우리는 짐작할 수 있다. 이 시의 여정에서 시인은 바로 저 "풍덩 구천으로 몸 던질" 것만 같아 위태로운 '낯선 여자'를 보게 되었던 것. 그가 이 여자-또 다른 '나'-의 죽음과 맞닿아 있는 이미지를 발견하면서 달빛과 함께 했던 '하룻밤'의 여정은 일단락된다. 새벽이 온 것이다. 여정 끝에 시인이 도착한 곳은 어디인가? "멀고 먼 서쪽 나라", 서역이다. 바로 여기의 삶에서 삶 너머의 세계-죽음-에 도착한 것이다. 그것은 죽음 직전에 닿은 또 다른 '나'의 이미지를 발견하면서 이루어졌다. 다시 말해 시인은 저 멀리 또 다른 '내'가 죽어가는 모습을 발견하고 이미지화하는 과정에서 죽음을 살 수 있게 된 것이다.

그렇다면 정상하 시인에게 시 쓰기란 '나'의 죽음을 사는 것이다. 또 다른 '나'의 죽음이 이루어졌을 때 어떤 일이 일어날 것인가? '나'의 반사체가 사라진다. "나는 점점 희미해져 아무것에도 반사되지 않"(「연못 속에 나를 보았다」)게 되는 것, 이에 대해 주체의 죽음이 이루어졌다고 말할 수 있겠다. 죽음을 사는 시 쓰기란 주체의 죽음을 실현하고 살아가는 것, 모리스 블랑쇼에 따르면 이러한 죽음을 통해 '문학의 공간'이 형성된다. 그런데 정상하 시인의 시의 '문학의 공간'에 또 다른 '나'의 모습을 넘어 타자들이 들어서기 시작한다. 주체가 사라진 공간에 타자로서의 '나'뿐 아니라 시인의 삶과 함께 했던 숱한 타자들이 등장하게 되는 것이다.

기차가 달리는 동안 기차 안팎에서 문득문득 사람들이 태어났다 창밖 멀리서 한사람이 자전거를 타고 오면서 태어 났다 흰 새떼가 앉은 소나무가 태어났다 손을 잡은 남자와 여자가 태어났다 뒷칸에서 야이 나쁜 놈아 이 도둑놈아, 멱 살을 잡고 싸우는 사람들이 태어났다 어느 낯선 역을 지날 때 눈부신 창밖을 지나가는 아버지가 태어났다 아버지, 지 금은 어디서 사세요. 그때 터널이 시작되었고 아버지가 보 이지 않았다 마을을 휘돌며 강이 태어나고 사라지고 언덕 이 태어나고 사라지고 했다 어느 외곽에서 어머니가 깜깜 하게 내리고 빈 의자에는 곧 가을이 왔다 태어난 것들이 울 창하게 뿌리를 내렸다 무성하게 자란 아이들이 창밖 풍경 으로 스쳐갔다 같은 풍경들은 또 태어나고 스쳐가고 어디 서 오는지 아는 사람은 아무도 없었다

— 「어디서 오는지 알 수 없는 기차가 있었다」 전문

   나의 모습을 비추어보기 위해 들여다 본 '연못' 위에는 '나' 대신에 타자들, 나아가 세계 자체의 탄생과 흐름이 나 타난다. 나르시스는 없다. 나르시시즘은 사라진다. 연못 위에 형성되고 있는 시의 공간에는 흘러가는 세계를 비유 하고 있는 기차가 달리고 있다. 이 기차 안에서 시인은 타자 들이 다채롭게 태어나고 사라지는 것을 본다.(위의 시 역시 시인 특유의 '전도의 상상력'이 잘 발휘된 시다.) 자전거를 탄 사람, 새떼가 앉은 소나무, 연인인지 손을 맞잡은 남자 와 여자, 욕설을 하고 싸우는 사람들, 그리고 사무치게 그 리운 아버지와 어머니, 고향 마을의 강과 언덕. 그렇게 태 어난 타자들은 기차의 흐름 속에서 사라져서 '빈 의자'만 남 을 것이고, 그 의자에는 가을이 찾아올 것이다. 그렇다고

그 타자들이 소멸된 것은 아니다. "태어난 것들이 울창하게 뿌리를 내렸"기 때문이다. 흘러간 타자들은 세계의 뿌리를 내리고 새로운 아이들을 탄생시킨다. 그리고 그 "무성하게 자란 아이들" 역시 기차의 흐름에서 나타났다 사라진다. "같은 풍경들은 또 태어나고 스쳐가"는 것, 그렇게 탄생과 소멸은 영원히 반복된다.

그런데 이 "어디서 오는지" 알 수 없는 만물의 영원회귀야말로 '울창하게' 세계를 형성하는 것이다. 주체의 죽음을 통과한 시인의 시적 인식은 이제 비극적이지 않다. "어디서 오는지" 모른다는 무지가 시인에게 고통스럽지 않다. 그에게 세계는 울창하고 경이롭게 나타났다가 사라지며, 그래서 세계의 흐름은 무겁고 음울한 것이 아니라 가볍고 쾌활하다. 이제 시인은 "함께 떠내려가는 오늘이 풀잎보다 가볍습니다"(「절이 흘러갑니다」)라고 말할 수 있게 되었다. 하여, 시인 자신을 포함한 타자들이 나타났다가 사라지는(흩어지는) 세계의 흐름을 보여주고 있는 아래의 시는 우리에게 미소를 자아낸다.

밤새 가을비가 내리고 가로수 잎들이 떨어지고 아침이 손바닥으로 떨어지는 나뭇잎을 받고 움츠린 사람들이 점멸하는 신호등을 건너 빠르게 흩어지고 다시 우르르 모이고 흩어지고 다시 흩어지고 밤새 앓다가 나간 너는 지금 수서를 지나며 혼자 기침을 하고 뚝섬쯤에서 혼자 목이 아프고 신호등에 열리며 닫히며 아프지 않을 때처럼 바쁘게 가고

나는 청구빌라를 지나 이디아 커피를 지나 성당으로 가

고 할 말이 있어서 갔다가 짧은 그림자를 밟으며 되돌아오
고 하느님이 자신의 그림자를 밟으며 나란히 오고 집까지
같이 오고 담장 옆 고인 물속에 구름이 흘러가고 밝게 익는
마가목 열매 옆에서 까치가 갸웃거리고
　— 「떨어지고 흩어지고 흘러가고」 전문

　시의 제목이 말하고 있는 바에 따르면, 세계는 "떨어지고 흩어지고 흘러가"는 방식으로 존재한다. 물론 "가로수 잎들이 떨어지"기 위해서는 그 잎들은 탄생해야 한다. 삶이 있어야 죽음이 있을 수 있다. 탄생이 있은 후 죽음이 벌어진다. 이 떨어지는 잎들을 아침이 받는다. 아침의 품속에서, 떨어진 잎들은 새로운 탄생을 준비할 것이다. 삶과 죽음이 반복되듯이, 모이고 흩어지는 사태 역시 반복된다. 또한 목의 통증으로 외롭게 고생하고 있는 '너'—물론 이 '너' 역시 시인 자신을 가리킨다고 읽을 수 있는데—는 지금 "아프지 않을 때처럼 바쁘게" 갈 것이다. 신호등의 열림과 닫힘이 반복되듯이 고통과 치유는 반복된다. 일상은 이러한 반복으로 가득 차 있다. 시인이 '청구빌라'에서 '이디아 커피'를 거쳐 '성당'으로, 그리고 성당에서 집으로 "짧은 그림자를 밟으며 되돌아오"는 과정은 수도 없이 반복되었을 것이다.(이제 시인에게 자신의 그림자는 응시의 대상이 아니라 일상과 함께 하는 존재다.) 시인은 이 반복으로부터 어떤 권태를 느낀다거나 소외를 느끼지 않는다. 도리어 그는 이러한 일상의 반복 과정 옆에 신이 함께하고 있음을 감지한다. 그림자를 밟으며 귀환하는 시인과 마찬가지로 "하느님은 자신의 그림자를 밟으며 나란히 오고" 있는 것이다.

이제 시인의 "고인 물속"에는 저기 멀리서 홀로 추위에 떨고 있는 또 다른 '내'가 나타나는 것이 아니라 "구름이 흘러가고" 있는 아름다운 시간의 모습이 나타난다. 그 '물속'을 시의 공간이라고 한다면 시에는 이 세계의 영원회귀 하는 흐름-시간-이 담기고 있는 것, 그 영원회귀 속에서 세계는 '마가목 열매'처럼 힘차게 돋아나고 밝게 익어갈 것이다. 그리고 이러한 경쾌한 시적 인식에 도달하였기에, 정상하 시인은 밝고 힘차게 익어가는 세계를 '갸웃거리'며 찬미하는 '까치'처럼 경쾌하게 비약하는 시법을 가질 수 있었을 테다.

정상하

정상하 시인은 경남 사천에서 태어났고, 1999년 『현대시학』으로 등단했으며, 시집으로는 『비가 오면 입구가 생긴다』가 있다.
『사과를 들고 가만히 서 있었다』는 정상하 시인의 두 번째 시집이며, '전도顚倒'와 '비약'을 그 특징으로 한다. 모든 가치관이 전복되고 기상천외하고 이채로운 상상력의 혁명이 펼쳐진다.

이메일 : manzi839@hanmail.net

정상하 시집
사과를 들고 가만히 서 있었다

발   행   2020년 10월 25일
지 은 이   정상하
펴 낸 이   반송림
편집디자인 김지호
펴 낸 곳   도서출판 지혜 • 계간시전문지 애지
기획위원 반경환 이형권
주   소 34624 대전광역시 동구 태전로57, 2층 도서출판 지혜 (삼성동)
전   화 042-625-1140
팩   스 042-627-1140
전자우편 ejisarang@hanmail.net
애지카페 cafe.daum.net/ejiliterature

ISBN : 979-11-5728-419-1 03810
값 9,000원

이 책의 판권은 지은이와 도서출판 지혜에 있습니다.
양측의 서면 동의 없는 무단 전제 및 복제를 금합니다.